LA
NATION FRANÇAISE
ET SON ROI.

SOUS PRESSE.

OUVRAGES DU MÊME AUTEUR.

CONSIDÉRATIONS SUR LES CAUSES ET LES PROGRÈS DE LA CORRUPTION EN FRANCE, 2ᵉ édit.   Prix, 1 fr. 50 c.

DE L'ESPRIT DES RELIGIONS, 2ᵉ édition ; 1 vol. in-8°.   Prix, 6 fr.

PARIS. — IMPRIMERIE DE J. TASTU,
RUE DE VAUGIRARD, N. 36.

LA
NATION FRANÇAISE

ET

·SON ROI,

APPELÉS A JUGER DE LA CONSPIRATION PERMANENTE ET PROGRESSIVE
DU PARTI JÉSUITIQUE

PAR ALEXIS DUMESNIL,

AUTEUR DE L'ESPRIT DES RELIGIONS.

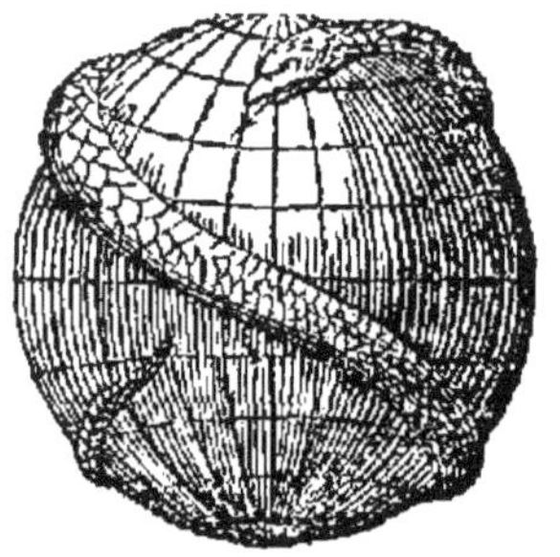

PARIS.

HUBERT, PALAIS-ROYAL, N° 222

FÉVRIER 1825.

LA
NATION FRANÇAISE
ET SON ROI,

APPELÉS A JUGER DE LA CONSPIRATION PERMANENTE, ET PROGRESSIVE DU PARTI JÉSUITIQUE.

CHAPITRE I.

Ralliement des Jésuites en France.

CE n'est plus maintenant sur les oiseuses et interminables questions de la grâce qu'il s'agit de combattre la secte toujours croissante des jésuites. De nos jours, le génie de Pascal ne se fût point porté à ces vives et piquantes railleries dont il animait une docte controverse; mais, aux accens de sa douleur, ce grand homme eût fait comprendre d'abord qu'il y allait du sort du monde et de la liberté de sa propre patrie. On n'oppose point à une superstition audacieuse et tyrannique l'arme du ridicule, quand cette superstition menace de tout renverser et de tout détruire. Donnons alors, donnons à nos écrits la solennité du testament; aussi bien est-ce le nom que portent les grands témoignages rendus à la vérité.

Lorsqu'il y a deux ans, je parlais, devant mes juges, de jésuites et de congrégations, on ne put trop s'étonner à ce cri d'alarme que, le premier, je fis retentir jusque dans le sanctuaire de la justice; et cependant les événemens ont bientôt confirmé la vérité de mes paroles. Je vais encore élever la voix; mais ce sera pour achever de convaincre ceux qui, dans leur incrédulité, veulent, pour ainsi dire, toucher du doigt les plaies de l'État. La plus grande et la plus profonde, sans doute, est celle du jésuitisme.

Avant tout, il faut qu'on sache que les membres épars de la société de Jésus, condamnés à sortir du royaume, n'obéirent jamais à l'arrêt qui les expulsait; ce que démontrent, au reste, plusieurs autres arrêts rendus dans la suite pour les y contraindre, mais toujours sans succès. Ils résistèrent aux ordres du pontife; ils bravèrent l'autorité du roi, et demeurèrent dans l'ombre jusqu'à l'époque fatale de la révolution où, renouant alors leurs intrigues, ils formèrent de nouvelles associations, se jetèrent dans tous les partis, et coururent aux champs de la Vendée porter leurs petites dévotions, et marier à la bannière des lis les images du Sacré-cœur. Plus tard, lorsque Bonaparte rétablit en France le culte catholique, les nouveaux adeptes de la société se rallièrent autour d'un ancien jésuite, l'abbé Delpuis, qui mettait à profit les premiers momens d'un zèle aveugle, pour jeter les bases de cette congrégation devenue si puissante aujourd'hui. Les enfans de Loyola n'ont jamais désespéré du rétablissement de la compagnie; on le voit à la persévérance de leurs desseins, à l'audace de leurs entreprises; à tant de sourdes machinations enfin, qui n'annoncent qu'un seul et unique but, celui d'arriver au pouvoir sur les ruines de la monarchie. La société n'a varié ni dans sa politique ni dans ses orgueilleuses prétentions; ses premiers vœux furent prononcés à Montmartre, elle les a renouvelés à Montrouge.

CHAPITRE II.

Premières manœuvres du parti jésuitique.

APRÈS les terribles orages de la révolution, lorsque l'on commençait à peine à rentrer dans la paix de l'Église, des émissaires de delà les monts se hâtèrent de jeter en France de nouvelles semences de discorde. Une histoire de l'Eglise, de l'abbé Lhomond, où la question des *investitures*, avait été traitée selon la sage modération des principes gallicans, fut tout-à-coup altérée par une main invisible dans la réimpression qui parut en 1795. Le chapitre des *investitures* disparut même en entier, et se trouva remplacé par d'autres chapitres, dans lesquels on commençait à insinuer qu'une des principales causes de la révolution française était la destruction de l'ordre des jésuites : ce que depuis n'a cessé de répéter une dévotion crédule et mal éclairée sans songer que c'est le plus terrible aveu qu'il soit possible de faire de la puissance politique d'un ordre religieux, que l'on suppose avoir été seul capable de résister au torrent qui devait emporter tous les autres ordres.

Mais, dans la suite, lorsque le parti jésuitique multipliait les éditions de ce livre, il y ajouta quelques nouvelles parties, où l'on s'exprimait en termes beaucoup plus clairs et plus précis. Et ce qu'il faut remarquer en passant, c'est que M. Clausel de Coussergues était alors un des éditeurs-libraires de la société typographique, qui publiait ces sortes de doctrines. On lit, page 576 : « La réconcilia- » tion de la France avec Rome n'est pas la » seule faveur que Dieu ait accordée à son » Église depuis l'exaltation de Pie VII sur la » chaire de saint Pierre.... Ce qui fera une » époque mémorable dans son pontificat, il a » rendu les jésuites à l'église catholique, etc.»

Le *Tableau de la révolution religieuse du dix-huitième siècle, jusqu'au concordat,* de l'abbé Proyart, fait assez voir, par les horribles doctrines qu'il renferme, sous quelle influence écrivait l'auteur. Né au milieu de nos discordes civiles et religieuses du seizième siècle, lorsqu'il s'agissait de créer des prétextes à toutes les usurpations, la société de Jésus ne peut cacher la joie barbare que lui causent encore ces derniers jours de détresse

et de deuil. Sans pudeur, sans respect pour de royales infortunes, qui le croirait ! elle transforme en un juste châtiment et le supplice du meilleur des rois et l'exil du vénérable successeur de saint Pierre. Des rois ! des pontifes ! voilà les hosties que lui doit le ciel, quand elle ne se les offre . pas de ses propres mains en holocauste. Sachez donc maintenant ce que pense un prêtre jésuite du meurtre de Louis XVI et des adversités de Pie VI, mourant captif sur une terre étrangère : « A ce spectacle (1) on serait tenté de se
» demander quelle fut donc la *prévarication*
» du successeur de saint Pierre, en quoi il a
» péché, ce qu'il a fait pour voir sa personne
» et sa dignité dans cet état d'humiliation ? »
Puis reprenant aussitôt : « Ce qu'a fait Pie VI !
» Comme le vertueux monarque des Français, ce vertueux pontife des chrétiens a
» péché dans son prédécesseur (Clément XIV,
» qui avait supprimé les jésuites ; Louis XV
» qui les avait expulsés de ses États) ; et cette
» tache étrangère les dévoue à une expiation
» *solidaire*. C'est en France que fut tramé par
» la philosophie ce complot oppresseur d'une

(1) Page 570.

» *société de Justes*, auquel un pontife romain
» eut la faiblesse de se prêter ; c'est sur le
» même théâtre qu'un pontife romain se verra
» traîné en criminel ; c'est là que , jouet et
» victime de cette même philosophie, Pie VI
» terminera son pélerinage apostolique. »

Ainsi parlaient les prêtres d'Esus , les im-
pitoyables druides de la Gaule ! O blasphême !
ô détestable et sacrilége doctrine ! Quoi !
pour venger cette prétendue *société de justes*,
le ciel , dans sa colère, aura frappé sans pitié
l'innocence , et confondu dans une commune
ruine les peuples et les rois ! le régicide, toujours cher aux jésuites, se sera lui-même ef-
facé du rang des forfaits pour devenir un acte
de la justice divine. Eh ! n'est-ce donc pas
absoudre Damiens, que de montrer aux peuples Louis XV puni du dernier supplice dans
son successeur ? N'est-ce pas éteindre dans
l'ame des juges de Louis XVI de salutaires
remords , que d'attacher à leur vote homicide
une cruelle et fatale nécessité ? Où sera le
coupable, quand un Dieu aura commandé ?
Ne soyons plus surpris si le jésuite Cérutti
travailla lui-même, un des premiers , à allu-
mer le feu de la révolution ; c'était pour as-
surer mieux les funestes prédictions de la so-

ciété. De la main qui a tracé *l'apologie des jésuites*, Cérutti versa dans la *Feuille villageoise* tous les poisons de la licence et de la révolte. Ainsi peuvent s'expliquer naturellement ces discours tant de fois répétés, qui tendent à présenter la révolution comme une conséquence nécessaire du renvoi des jésuites: c'est-à-dire que la France devait abandonner aux Pères la tête de Louis XV, pour qu'ils ne fissent pas tomber celle de Louis XVI ; c'est-à-dire que les Pères se seraient contentés de renouveler la tragédie de Henri III et de Henri IV, manquée la veille des Rois à Versailles. Les craintes et les continuelles terreurs qu'inspirait à Henri IV la Compagnie de Jésus étaient-elles donc si vaines, quand il n'eût pas lui-même payé de son sang une imprudente débonnaireté ?

CHAPITRE III.

Conduite du parti jésuitique sous l'empire et depuis la restauration.
— M. le comte de Maistre et ses lieutenans.

Lorsque le pape vint en France donner l'onction sainte au chef de cette nouvelle dynastie qui devait passer comme une ombre sur le trône des Bourbons, le dessein de Rome était de mettre à profit l'usurpation même, pour enlever à l'Église gallicane des droits et une indépendance qu'elle avait précieusement conservés sous ses rois. Nous savons par quels détours, dans ces circonstances, le souverain pontife essaya de surprendre Napoléon, afin de l'amener à détruire ce monument sacré de nos libertés religieuses solennellement proclamées par Louis XIV et par Bossuet. Ce fut alors que commença ce concert unanime de basses flatteries et d'éloges intéressés, qui avaient pour but de séduire le monarque sur son trône, et d'enchaîner aux pieds de Rome le génie du siècle. On eût dit que la religion, ou plutôt le saint-siége, ne croyait

pouvoir se dispenser d'ajouter à notre ser-
vitude.

Il est assez curieux de voir ce qu'écrivai[t]
ce même abbé Proyart, qui semble s'être fai[t]
un jeu de justifier l'attentat du 21 janvier. S[a]
voix ne saurait importuner que ceux qu'elle [a]
loués. « Dieu, dit-il, a parlé au cœur de ce[t]
» homme extraordinaire, qui remplit aujour[d]
» d'hui le monde du bruit de son nom. « E[t]
ailleurs : « On se croit reporté aux beaux jour[s]
» de Charlemagne, quand on entend Bonapart[e]
» élever la voix au milieu de cette nombreus[e]
» assemblée ecclésiastique, etc. » Mais que d[i-]
sait alors M. l'abbé de La Mennais lui-même, c[et]
apôtre aujourd'hui si plein d'audace, qui re[-]
proche à Napoléon de n'avoir pas voulu d[e]
législation catholique ? « O France ! réjoui[s-]
» toi, tes calamités enfin sont à leur term[e]
» Voilà que des extrémités de l'Afrique [la]
» Providence t'amène, comme par la main[,]
» à travers les mers, un de ces hommes pui[s-]
» sans en œuvres qui, destinés à la représe[n-]
» ter sur la terre, apparaisent pour tout r[é-]
» tablir quand tout semble désespéré.... [La]
» religion et la monarchie renaissent e[n-]
» semble, et la révolution est terminée (1).

(1) Réflexions sur l'état de l'Église en France. — 1re édition.

Dans le *Catéchisme à l'usage de toutes les églises de l'empire français*, sorti de la plume d'un de ces ardens missionnaires dont la cour de Rome vient de récompenser le zèle et le dévouement, on trouve, pages 56 et 57, au nombre des leçons marquées d'un astérisque, comme les plus importantes, celle qui enseigne expressément que *honorer et servir notre empereur est honorer et servir Dieu même ; que ceux qui manqueraient à leur devoir envers notre empereur se rendraient dignes de la damnation éternelle ; que les devoirs dont nous sommes tenus envers notre empereur nous lient également envers ses successeurs légitimes, Dieu, par une disposition de sa volonté suprême et par sa providence, donnant les empires, non-seulement à une personne en particulier, mais aussi à sa famille.*

Rapporterai-je encore ce que prêchait M. de Boulogne, dont les imprécations, à la vérité, sont devenues fameuses, mais qui naguère ne savait trop bas se prosterner devant la puissance qu'il aveuglait de son encens ? Je n'ose transcrire ni ses mandemens ni ses discours, si remarquables même après qu'on a lu les panégyriques de M. l'abbé de la Mennais.

Et toutefois, que les continuelles variations

de ces hommes de Dieu , ainsi que d'un parti
tout entier voué aux biaisemens d'une insi-
dieuse politique , ne nous étonnent point ;
c'est ce qu'à Rome on appelle de la conduite.
Ils abandonnèrent la nouvelle dynastie et cons-
pirèrent sa chute , du moment où il ne fut plus
permis d'espérer la soumettre aux prétentions
ultramontaines. Or, cet affranchissement manifeste du joug de toute légitimé royale s'ac-
corde merveilleusement bien avec les funestes
doctrines du trop fameux comte de Maistre ,
devenu le patriarche révéré des nouveaux li-
gueurs, et toujours plus cher à la cour de Rome.
Cette lumière du parti jésuitique , dont on peut
voir chaque jour les éloges dans les feuilles
périodiques et quotidiennes de la secte , autorise les peuples à solliciter , par l'entremise
des grands corps de l'État , le pape , de les
délier du serment de fidélité , et de leur donner un autre roi. M. de Maistre va plus loin ,
il ajoute une formule de cet acte de rébel-
lion (1) : « Très-Saint-Père , au sein de la plus
» amère affliction, et de la plus cruelle anxiété
» que puissent éprouver de fidèles sujets , et
» forcés de choisir entre la perte absolue d'une

(1) Du Pape. — Tom. I., 2ᵉ partie , ch. X et XI.

» nation , et *les dernières mesures de rigueur*
» *contre une tête auguste* , les états-généraux
» n'imaginent rien de mieux que de se jeter
» dans les bras paternels de V. S. , et d'invo-
» quer sa justice *suprême* pour sauver , s'il en
« est temps , un empire désolé. Le souverain
» qui nous gouverne , T. S. P. , ne règne que
» pour nous perdre. Nous ne contestons point
» ses vertus ; mais elles nous sont inutiles ; et
» ses erreurs sont telles que si V. S. ne nous
» tend la main , il n'y a plus pour nous aucun
» espoir de salut. »

Le livre où M. de Maistre adressait à Pie VII
ce modèle de requête , non-seulement n'a
point été saisi , mais il est devenu pour la
congrégation le texte habituel de ses profes-
sions de foi. Parmi ces vertus d'un roi, *que
l'on ne conteste point, mais qu'on regarde
comme inutiles* , il faut compter d'abord l'esprit de tolérance et la noble résolution de
donner aux peuples des institutions. On sait
qui la faction ultramontaine a voulu désigner
ici , en attendant qu'elle fasse tomber ses
coups sur le trône. « Si la France d'aujour-
» d'hui , écrivait en 1821 M. de Maistre (1),

(1) De l'Église gallicane dans son rapport avec le souverain
pontife, pour servir de suite au livre du Pape.

» pliant sous *une autorité divine*, avait reçu
» son excellent roi des mains du souverain
» pontife, croit-on qu'elle ne fût pas, dans
» ce moment, un peu plus contente d'elle-
» même et des autres ? » Puis s'adressant au
clergé, il lui répète (1) *que l'on a besoin de
lui pour ce qui se prépare; que le sacerdoce
français ne doit pas se flatter d'être mis à la
tête de l'œuvre qui s'avance, sans qu'il lui en
coûte rien ; que la grande récompense qui l'at-
tend appelle un grand courage !* Rome ne
pourrait faire qu'un reproche à M. de Maistre,
ce serait d'avoir été peut-être trop clair. Et cependant, en France, l'aveuglement est si grand,
on se plaît tant à ne voir dans la religion que
la religion même et ses ineffables consolations,
que, malgré les rapides progrès de l'intolé-
rance et du fanatisme, peu d'hommes encore
peuvent se flatter d'avoir aperçu tous les dan-
gers de l'avenir.

Tels furent, sous l'Empire, les principes
du parti jésuitique, et tels ils ont continué
d'être depuis la restauration. Ce parti ne re-
connaît de prince légitime que celui qui sou-
met au Pape sa couronne ; et d'avance il jus-

____

(1) De l'Église gallicane, etc.

ifie tout complot et toute révolte qui doit s'o-
pérer sous le bon plaisir de Rome. Je ne rap-
porte rien qui ne soit écrit quelque part, et
je n'en tire d'autre conséquence que celle que
peut tirer avec moi tout homme doué du
simple bon sens. Que veut aujourd'hui cette
vaste congrégation qui étend sur nous ses
bras de géant, sinon consommer *l'œuvre qui
s'avance*, pour me servir des propres paroles
de M. le comte de Maistre? C'est l'établisse-
ment du plus terrible des gouvernemens, du
gouvernement théocratique enfin, après lequel soupire depuis si long-temps la société
de Jésus, et où nous précipitent tous les doc-
teurs du parti, non-seulement M. de Maistre,
mais M. de Bonnald, M. O'Mahonni, M. de
Marcellus et M. de La Mennais, qui pourra
bien alors nous apprendre *ce que c'est qu'un
prêtre*. C'est une théocratie européenne que
l'on veut; c'est Rome pontificale se faisant,
comme Rome payenne, la tête des peuples,
et donnant aux rois *l'investiture*. Des princes
sans puissance, une noblesse avilie, les nations foulées aux pieds, des jésuites, des in-
quisiteurs, des auto-da-fé, tout est là?

CHAPITRE IV.

De l'opposition du parti jésuitique à la monarchie constitutionnelle
et des moyens qu'il emploie pour la ruiner.

On sent dès-lors combien il importe à c
parti jésuitique, ennemi jaloux des liberté
nationales, de travailler de tous ses bras
renverser le gouvernement représentatif qu
se fonde sur le libre droit d'examen. La ra
son veut, avec le siècle, que la vérité remont
des peuples aux rois; ce parti, au contraire
a la prétention de la faire descendre de Rom
sur les trônes. Jusqu'alors on avait dit : *Vo
populi, vox Dei;* c'est *vox pontificis, vox D*
qu'il faudra dire maintenant. De-là vient aus
que, parmi nous, on redouble d'efforts pou
établir le dogme de l'infaillibilité, dogme al
surde, dont la dernière conséquence est c
mettre le pouvoir entre les mains du sace
doce. Chaque pas que fait la congrégatio
nous porte vers cette fin, et tend surtout
nous éloigner de nos institutions nouvelle
Elle dispose des emplois, du crédit, des r

compenses; tout est prodigué à ceux qui font vœu d'être siens; elle séduit et corrompt jusque sur les degrés du trône. Or, on peut voir par l'esprit général des lois proposées, et par le tour que prennent les choses, de quel côté panche maintenant la balance. Ne cherchons pas d'autre cause de la disgrâce de M. de Châteaubriand; M. de Villèle a sur lui le grand avantage d'avoir publiquement attaqué la Charte et faussé les promesses royales. N'a-t-il donc pas souffert que des étrangers, domiciliés au *Drapeau blanc* ou à *l'Étoile*, bannis peut-être de leur propre patrie, et joignant leur voix à celle des plus vils délateurs, sous les auspices de Rome, insultassent au pacte social des Français? Sans doute il ne faudrait pas relire deux fois les perfides insinuations de M. le comte de Maistre, et les continuels blasphêmes de ses fanatiques disciples, pour en faire d'abord l'application. Louis XVIII préparait en silence ces belles institutions qui suffiraient à la France pour lui rendre la paix et le bonheur; et, long-temps avant qu'elles fussent octroyées, au seul bruit d'une auguste transaction, le jésuitisme s'était déjà mis en révolte. « Ce n'est pas de son peuple, disait-» on, qu'un monarque doit prendre conseil,

» mais du Saint-Siége; ce n'est pas sur l'esprit
» du siècle qu'il se doit gouverner, mais sur
» l'esprit de l'Église, toujours fixe et immua-
» ble; » et l'on condamnait, à l'avance, tout
ce que la sagesse royale pouvait enfanter pour
le salut des peuples!

Sur le bruit qui se répandit que le roi de
France, en rentrant dans ses États, voulait
s'accommoder aux temps et aux besoins nouveaux des peuples, M. de Maistre frappa d'a-
nathème cette concession généreuse, et la
signala, pour ainsi dire, comme un acte de
démence. C'est par une citation même que je
ferai connaître toute la pensée du parti qui
maintenant invoque à grands cris l'autorité
de M. le comte de Maistre; on verra quel peut
être, au fond, son zèle pour le maintien de
la Charte, et combien il est dangereux d'ap-
peler au pouvoir de tels hommes. « Si ce
» prince, dit en parlant de Louis XVIII le
» comte de Maistre (1), avait la folie de pro-
» poser aux Français une nouvelle constitu-
» tion, c'est alors qu'on pourrait l'accuser de
» donner dans un vague perfide, car dans le
» fait il n'aurait rien dit. S'il avait proposé son

___

(1) Considérations sur la France, pag. 130.

» propre ouvrage, il n'y aurait eu qu'un cri
» contre lui, et ce cri eût été fondé. De quel
» droit, en effet, se serait-il fait obéir dès
» qu'il abandonnait les lois antiques? etc. »
Or, cet amour d'un étranger pour la vieille
monarchie française tombant en ruines, s'ex-
plique facilement par le passage suivant (1) :
« Un caractère particulier de cette monar-
» chie, dit-il, c'est qu'elle possède *un certain*
» *élément théocratique* qui lui est particulier,
» et qui lui a donné quatorze cents ans de du-
» rée : il n'y a rien de si national que cet élé-
» ment. Les évêques, *successeurs des druïdes*
« *sous ce rapport*, n'ont fait que le perfec-
» tionner. » Ainsi, dans le dessein manifeste
où est le parti jésuitique d'établir la théocratie, il ne lui suffit point d'invoquer l'autorité
suprême de ces évêques de Rome qui dépo-
saient naguère les rois, et déliaient leurs su-
sujets du serment de fidélité ; il faut encore
qu'il remonte jusqu'aux druïdes qui répan-
daient sur les autels le sang des princes et des
chefs de la nation. M. de Maistre écrivait ceci
en 1795 : quand on rapproche ce passage des
menaces terribles qu'il a faites, et de la for-

(1) Considérations sur la France, pag. 113.

mule de déchéance qu'il insérait en 1821 dans son livre du Pape, ce n'est pas sans un profond sentiment d'horreur qu'on saisit l'ensemble et l'esprit de cette abominable doctrine. De ce moment, que de phrases embarrassées et inintelligibles reçoivent un sens ! que de contradictions apparentes s'expliquent ! que de circonstances bizarres deviennent claires et lumineuses ! Les fureurs du parti jésuitique et ses audacieuses entreprises ne sauraient plus nous étonner : ce n'est point l'effet d'une colère passagère ; nous savons maintenant où vont ces emportemens, et ce que veulent les chefs de la congrégation.

CHAPITRE V.

De la présence actuellement reconnue des Jésuites en France. — Le parti veut arriver par l'éducation a renverser le gouvernement représentatif.

Tant qu'il a paru nécessaire à la faction de cacher ses projets, elle a formellement désavoué les jésuites ; ils s'étaient déjà répandus de Saint-Acheuil et de Montrouge à Auray, à Montmorillon, Arcs, Forcalquier, où sont leurs grands colléges, qu'on s'obstinait encore à nier leur existence. C'est qu'on n'ignorait pas que leurs doctrines bien connues jetteraient un grand jour sur les intentions du parti qui se compose des *externes* de la société. On les avoue maintenant, donc que l'on se croit assez fort pour marcher ouvertement dans leur ligue! Une usurpation, une restauration, un règne qui finit, un règne qui commence, ne sont pour eux que des occasions de s'avancer. Tout, d'ailleurs, n'atteste-t-il pas depuis long-temps l'influence immédiate du jésuitisme sur notre malheureuse patrie ; et l'espionnage

sacré, et les pieuses délations des prétendus
honnêtes gens qui eussent étonné les vieux
jacobins eux-mêmes, et l'art abominable de
couvrir l'orgueil et la vanité du manteau de
la dévotion, et jusqu'à ce système d'ignorance
avec lequel on veut réduire le peuple en ser-
vitude ? C'est un article important des constitutions de la société, dans cette partie à laquelle on a donné le nom de Règles, « qu'au-
» cun de ceux qui sont employés aux fonc-
» tions domestiques n'apprendra à lire ou à
» écrire ; ou s'il sait quelque chose, n'en ap-
» prendra davantage ; et que personne ne
» l'instruira sans la permission du général :
» il suffit à ces membres de la société de
» servir le seigneur avec simplicité et hu-
» milité. »

Qui a pu lire ces constitutions sans être
effrayé d'une organisation mystérieuse qui crée
dans l'État un état, dans la société une société,
sur les principes et les maximes du plus terrible despotisme qui fut jamais ? Était-ce là
le modèle qu'il convenait d'offrir à des nations
qui font elles-mêmes leurs lois de concert
avec le monarque ? Espère-t-on fonder ainsi
une liberté que l'on déracine toujours au nom
du ciel? Que penser enfin d'un ministère qui

consent à remettre à ces mêmes jésuites l'éducation des citoyens, et laisse instruire la jeunesse française aux soumissions d'une aveugle ignorance ? N'est-ce donc pas frapper de mort nos institutions naissantes ? Où sera la liberté, lorsqu'on ôte aux citoyens jusqu'à la pensée d'être libres ?

~ Déjà l'on trouve Bossuet trop fier et trop *national*, et le vieux clergé trop empreint de ses sages doctrines ; ce sont des esprits plus dociles qu'il faut à Rome, dans cette cour ombrageuse où toute discussion d'un droit, où tout appel à la raison devient une hérésie. La bulle qui rétablit définitivement les jésuites, est de 1814. Que l'on considère le chemin qu'ils ont parcouru depuis ce temps. Leur succès est le succès même de l'imposture et de la superstition ! leur triomphe est le propre triomphe du despotisme ! La société sait bien qu'elle ne peut d'abord régner dans le for intérieur ; aussi, pour le moment, n'oblige-t-elle qu'à l'hypocrisie.

CHAPITRE VI.

Que les Jésuites n'ont point changé de doctrines. —Bulle de Pie VII. — Le clergé gallican calomnié. — Du danger que courent les souverains et les peuples.

Des hommes oublieux ou trop ignorans du passé, pencheraient volontiers à croire que l'on a calomnié cette société de Jésus, sur laquelle reposent aujourd'hui de si grandes espérances. Mais qu'ils ouvrent l'histoire de tous les pays, et ils y verront la Société convaincue de tous les crimes, les Pères livrés à tous les déportemens, fauteurs de tous les attentats, et chassés de l'Italie même par un pape qui sut placer les bonnes mœurs et la justice au-dessus de l'ambition. Une autre erreur est de s'imaginer que les jésuites dérogeraient actuellement à leurs anciennes doctrines, pour vivre en bons religieux dans la règle étroite des vertus évangéliques. Or, la déclaration de leur général à Louis XV est formelle et décisive, dans ce moment surtout où, pour les conserver encore, le monarque n'exigeait dans l'institut que quelques légers changemens. *Sint ut sunt, aut non sint*, fut son unique réponse ; c'est-à-dire qu'ils soient comme ils sont, ou qu'ils ne soient point. Et en effet, le général des jésuites avait raison, puisque c'est dans de détestables ressources et dans une criminelle industrie que se trouvent ensemble la force et la vie de l'ordre ; si bien que n'être point comme ils sont, serait véritablement pour eux n'être plus du tout.

Si présentement on lit la bulle par laquelle Pie VII rétablit les jésuites, nul doute que l'esprit et les institutions de la Compagnie ne s'y trouvent maintenus dans toute leur intégrité. Le pontife l'autorise expressément *à reprendre et à suivre la règle de saint Ignace de Loyola, approuvée et confirmée par les constitutions apostoliques de Paul III*. Rien de plus clair.

On ne sait point assez tous les mouvemens que Rome s'est donnés depuis le commencement du siècle, et quelles ont été les combinaisons nouvelles de sa politique ! D'abord, par un bref du 7 mars 1801, on recrée tout exprès pour la Russie cette milice sainte ; et bientôt après, par un autre bref, en date du 3o juillet 1804, *la même faveur* est accordée au royaume des Deux-Siciles. Enfin dans le

mois d'août 1814 , et cette époque n'est pas indifférente , les jésuites furent rendus à toute la chrétienté. « Nous avons décrété, de science
» certaine, en vertu de la plénitude aposto-
» lique, et à valoir à perpétuité, que toutes
» les concessions et facultés , accordées uni-
» quement à l'empire de Russie et au royaume
» des Deux-Siciles, s'étendront désormais à tout
» notre état ecclésiastique, et également à tous
» les autres états. »

Maintenant , sous qu'elle influence directe sont-ils rétablis ? *Sous notre tutelle , sous notre obéissance immédiate et sous celle du siége apostolique.* Quels motifs apparens servent à justifier la restauration de l'ordre ? *Le désir des archevéques et des évêques , et des personnes les plus distinguées.* Puis on ajoute : « La dis-
» persion même des pierres du sanctuaire
» dans les dernières calamités, l'anéantis-
» sement de la discipline des ordres régu-
» liers, gloire et soutien de la religion et de
» l'Église catholique , *au rétablissement des-*
» *quels toutes nos pensées et tous nos soins*
» *sont maintenant dirigés,* exigent que nous
» nous rendions à un *vœu si juste et si gé-*
» *néral.* » Et , après avoir recommandé ins-
tamment, dans le Seigneur, la compagnie

et tous ses membres à ses chers fils en Jésus-Christ, les illustres et nobles princes et seigneurs temporels, le souverain pontife ordonne « que les présentes lettres seront invio-
» lablement observées d'après leur forme et
» teneur pour toujours et à jamais ; qu'elles
» sortiront leur plein et entier effet ; qu'elles
» ne seront soumises *à aucun jugement ni ré-*
» *vision de la part d'aucun juge*, *de quelque*
» *pouvoir qu'il soit revêtu*, déclarant nulle
» et de nul effet toute atteinte qui serait portée
» à ces présentes dispositions, etc. »

Tel est le propre texte de la bulle, et tel sera le langage que tiendra la cour de Rome toutes les fois qu'elle croira pouvoir dicter impunément ses volontés. Ici elle ne dissimule point que toutes ses pensées, tous ses soins sont dirigés vers le rétablissement des ordres réguliers, dont les jésuites ne semblent être, pour nous, que les glorieux précurseurs. En déplorant l'impiété du siècle, ses désordres, et la dispersion des pierres du sanctuaire, le saint-siége s'autorise à de nouvelles entreprises, que servent trop bien de leurs violentes déclamations MM. de Boulogne et de La Mennais. Cependant ces prêtres, aussi bien que Rome, ne se sont pas toujours montrés si sévères lorsqu'ils louaient avec tant d'éclat Bonaparte du rétablissement en France de la religion catholique. Mensonges alors et mensonges encore aujourd'hui ! Jamais la religion ne reçut d'hommages plus purs que dans nos temps de troubles et de calamités ; jamais la foi ne fut plus vive et dans le peuple et dans le sacerdoce. Le sang de nos prêtres, le sang d'une foule de citoyens qui mouraient avec eux sur les échafauds, en rend un glorieux témoignage ; et peut-être ceux qui parlent si haut à présent n'eussent-ils pas si volontiers alors cueilli la palme du martyre ! Nation calomniée, c'est pour vous rendre les jésuites qu'on vous peint de toutes les couleurs de l'impiété, vous qui ne conservâtes qu'au prix de votre vie la croyance de vos pères ! Membres épars de notre vieux clergé, confesseurs éprouvés de la foi, levez-vous pour imposer silence à cette orgueilleuse milice de Rome ; elle seule fait parmi nous des athées et des impies.

Non le jésuite insolent et rebelle n'a point changé de caractère, non ce missionnaire de corruption n'a point dépouillé le vieil homme ; j'en atteste le très-pieux souverain de Russie lui-même, qui s'est vû contraint à expulser la

société de ses États, où d'abord elle avait été
si généreusement accueillie. Dans un ukase de
l'empereur Alexandre au sénat dirigeant, après
avoir fait sentir tout ce que devaient à la Russie
les jésuites, ce prince continue ainsi : « Main-
» tenant il vient d'être constaté qu'ils n'ont
» point rempli les devoirs que leur imposait la
» reconnaissance; qu'ils ne se sont pasm ainte-
» nus dans cette humilité que commande la
» religion chrétienne, et qu'au lieu de demeu-
» rer habitans paisibles dans un pays étranger,
» ils ont entrepris de troubler la religion grec-
» que, qui, depuis les temps les plus reculés,
» est la religion dominante dans notre empire,
» et sur laquelle comme sur un roc inébranla-
» ble reposent la tranquillité et le bonheur des
» peuples soumis à notre sceptre. Ils ont com-
» mencé d'abord par abuser de la confiance
» qu'ils avaient obtenue. Ils ont détourné de
» notre culte des jeunes gens qui leur avaient
» été confiés, et quelques femmes d'un esprit
» faible et inconséquent, et les ont attirés à
» leur église. Porter un homme à abjurer sa
» foi, la foi de ses aïeux, éteindre en lui l'a-
» mour pour ceux qui professent le même
» culte, le rendre étranger à sa patrie, semer

» la zizanie et l'animosité dans les familles, dé-
» tacher le frère du frère, le fils du père et la
» fille de la mère, faire naître des divisions
» parmi les enfans de la même église ; est-ce
» là la voix et la volonté de Dieu, et de son
» divin fils Jésus-Christ, notre sauveur, qui a
» versé pour nous son sang le plus pur, afin
» que nous menions une vie paisible et tran-
» quille, dans toutes sortes de piété et d'hon-
» nêteté ? Après de pareilles actions, nous ne
» sommes plus surpris que l'ordre de ces reli-
» gieux ait été éloigné de tous les pays, et to-
» léré nulle part. Quel est en effet l'État qui
» pourra souffrir dans son sein ceux qui y ré-
» pandent la haine et le trouble ? etc. » Serait-
ce la France ?

Quel souverain, jaloux du bonheur de ses
peuples et de l'indépendance de sa couronne,
ne se hâtera, comme l'empereur Alexandre,
d'éloigner de ses États ces faux pasteurs arti-
sans de troubles et de discordes ! Et d'abord où
sera la propre garantie du prince, quand il
n'y aura plus dans son royaume qu'une seule
volonté et une seule pensée, celle de la re-
doutable et mystérieuse société de Jésus ? Qui
sauvera le peuple de la honte d'un nouveau

califat, et de toutes les misères de l'hypocrisie religieuse? Déjà, parmi nous, sous prétexte de réprimer le sacrilége on se livre à la violence et à l'outrage, on attaque les grands pouvoirs de l'État, on met en quelque sorte la nation en interdit. Ne croirait-on pas, à les entendre, que chaque jour nos temples sont pollués, que les profanations en France n'ont plus de bornes, et que la majesté divine, comme la tyrannie de Robespierre, ne peut désormais se passer de proscriptions et d'échafauds?

Lorsque le fanatisme éclate avec tant d'orgueil dans les discours de M. de la Mennais ne s'imagine-t-on pas entendre Marat demander ses trois cent mille têtes? Certains écrivains prétendent nous réconcilier avec *les rigueurs salutaires* de la Saint-Barthélemy ; d'autres se chargent d'insulter la religion protestante ; et tous enfin se glorifient d'attaquer la foi de Bossuet et de couvrir de mépris les généreux défenseurs des libertés de l'Eglise gallicane : est-ce que l'on voudrait quelque chose de plus que la révocation de l'édit de Nantes ? C'est à l'église de France, c'est à nos magistrats, c'est enfin aux ministres du roi, qu'il convient d'arrêter les premiers ce torrent de jésuitisme

qui déjà les déborde de toutes parts. La mé-
moire des d'Aguesseau, des Lachalotais, des
Pasquier et des Gilbert des Voisins est grande
dans la nation ; ce sont ces hommes qu'il faut
imiter, et non les Maupeou et les d'Aiguillon.

FIN.